Paulus Vennebusch

LIEBE für Einsteiger

arsEdition

Glück ist Liebe,
nichts anderes.
Wer lieben kann,
ist glücklich.

Hermann Hesse (1877–1962),
deutsch-schweizerischer Schriftsteller, Dichter und Maler

LIEBE FÜR EINSTEIGER …

… doch wie wird man Profi?

DIE ANTWORT LAUTET: GAR NICHT. Denn die Liebe gehört zwar zu den Phänomenen unseres Lebens, die alle gern erleben möchten, die uns begleiten, glücklich machen oder auch verzweifeln lassen … aber lernen kann man sie nicht. Egal, ob wir uns zum ersten Mal in unserem Leben verlieben oder ob wir auf dem Weg zur großen Liebe schon einige missglückte Versuche hinter uns haben: Wenn wir uns ineinander verlieben, dann sind wir alle Einsteiger, beim ersten wie beim zehnten Mal – und wir bleiben es unser Leben lang. Darum kann dieses Buch auch keine Anleitung für die ewige Liebe sein, denn niemand kennt die perfekte Formel dafür.
Aber auf eines können wir uns sicher einigen: Die Grundformel für euer ganz persönliches Liebesglück lautet: **DU + ICH = WIR**

~~EINER~~ ZWEI AUS 80 MILLIONEN

Schon der Sänger Max Giesinger hat sich gefragt: „Wie hast du mich gefunden? **EINER VON 80 MILLIONEN.** “ Vielleicht fragt ihr euch auch: „Was war es bei uns? Schicksal? Glück? Zufall? Parship?“ Nein: Es ging nicht anders! Es ist eine einfache Rechnung: Von den 80 Millionen Menschen in Deutschland sind 59 Millionen vergeben und nur knapp 21 Millionen alleinstehend. Davon leben 5 Millionen als überzeugte Singles. Bleiben 16 Millionen. Die Hälfte davon hat das Geschlecht, das euch anspricht – und schon sind wir nur noch bei acht Millionen. Zieht man weitere Kriterien wie Altersklasse, Augenfarbe und Anzahl der Schmetterlinge im Bauch hinzu, bleiben exakt … Moment, noch mal kurz nachrechnen … Genau: Ihr zwei! **IHR BEIDE SEID EINFACH FÜREINANDER GESCHAFFEN!**

(80.000.000 – 59.000.000 –
5.000.000) : 2 = 8.000.000
– Augenfarbe
– Altersklasse
+ Schmetterlinge
= Du + Du!

SCHÖNE GRÜSSE AUS *dem siebten Himmel*

Egal, wo ihr aktuell lebt, ob in verschiedenen Wohnungen, in einem gemeinsamen Nest oder noch bei den Eltern – wir wissen, wo wir euch jederzeit finden können: **IM SIEBTEN HIMMEL!** Dieser bevorzugte Aufenthaltsort aller Verliebten geht wahrscheinlich auf den griechischen Philosophen Aristoteles zurück, der den Himmel in sieben durchsichtige Gewölbe einteilte, jeweils versehen mit einem der sieben damals bekannten Planeten. Der siebte Himmel ist nach Aristoteles derjenige Bereich, der die Welt gegen das Nichts abschließt und …
Wie bitte? Das interessiert euch gerade nicht?

ENTSCHULDIGUNG, KNUTSCHT EINFACH WEITER …

Jedes Herz singt ein Lied,
unvollkommen,
bis ein anderes Herz
zurückflüstert.

Platon (427–347 v. Chr.),
griechischer Philosoph

LIEBE IST ...

... PURES GLÜCK! Wer wüsste das besser als ihr zwei! Seit ihr beide euch gefunden habt und gemeinsam Hand in Hand durchs Leben geht, erlebt ihr jeden Tag aufs Neue das große Glück der Liebe. Aber natürlich seid ihr nicht irgendein Paar, sondern eines, das es garantiert in die Geschichtsbücher schaffen wird ... okay, vielleicht nicht unbedingt in die Geschichtsbücher, aber in dieses Buch auf jeden Fall. Denn selbstverständlich stehen eurer beider Namen in der Liste der zehn glücklichsten Paare aller Zeiten ganz weit vorne!

GROSSE-LIEBE-WELTRANG-LISTE (STAND HEUTE)

- 10. ADAM & EVA
- 9. MARIA & JOSEF
- 8. BERNHARD & BIANCA
- 7. BLACK & DECKER
- 6. HUGH HEFNER & CINDY & MARY & JUDY & CARISSA & MEL & PAMELA & ...
- 5. SIEGFRIED & ROY
- 4. BONNIE & CLYDE
- 3. ANNA & ELSA
- 2. ROMEO & JULIA
- 1.

(hier eure Namen eintragen)

Liebe besteht nicht darin, dass man einander ansieht, sondern dass man gemeinsam in die gleiche Richtung blickt.

Antoine de Saint-Exupéry (1900–1944), französischer Schriftsteller

Die perfekte Suchmaschine SCHLÄGT IN EURER BRUST

Suchmaschinen sind die am meisten frequentierten Seiten im Netz. Doch während Google und Co. bei Anfragen wie „Urlaubsziele für Kurzentschlossene“, „Sneakers unter 500 Euro“ oder „Rezepte für vegane Maultaschen mit Pfefferminzgeschmack“ Millionen von Treffern ausspucken, helfen die digitalen Recherche-Helfer bei der Suche nach der großen Liebe nur bedingt. Denn wie will man aus den knapp 400 Millionen Treffern, die der Suchbegriff „Liebe“ anbietet, die eine, große Liebe herausfinden? Zum Glück habt ihr in Sachen Liebe eure ganz eigene Suchmaschine zurate gezogen: **EUER HERZ.** Das hat zwar nur einen Treffer angezeigt, der war dann aber auch gleich ein Volltreffer!

Organspende
MAL ANDERS

Über ein Drittel der Deutschen verfügt über einen Organspendeausweis. Doch auch wenn ihr noch nicht im Besitz eines solchen Dokuments seid, gehört ihr doch in gewisser Weise zu Organspendern. Schließlich habt ihr euch als Liebende gegenseitig **EUER HERZ GESCHENKT.** Dabei hat das Herz als Symbol für die Liebe einen ganz anderen Ursprung: Im alten Griechenland galt das Efeublatt als Zeichen der ewigen Liebe, und erst in der mittelalterlichen Minne-Literatur wurde es rot eingefärbt dargestellt.

Das erklärt auch, dass die klassische Herzform, die ihr euch schon unzählige Male digital hin- und hergeschickt habt, mit dem Aussehen des menschlichen Organs nicht viel zu tun hat.

LEBENSWICHTIG

LIEBENSWICHTIG

Die rosarote Brille

~~Wissenschaftler~~ Romantiker haben festgestellt: Verliebte sehen die Welt in anderen Farben – vorzugsweise in **ROSAROT.** Denn das ist die klassische Tönung der Liebesbrille, durch die auch ihr eure Umwelt besonders romantisch wahrnehmt. Ihr wisst: Durch die sprichwörtliche **ROSAROTE BRILLE** wird selbst ein ganz profaner Weißwein zum köstlichen Rosé. Genießt es, denn in **ROSAROTEN FARBEN** wirkt die Welt zwar manchmal verdammt kitschig, aber auch ein kleines bisschen schöner.

„Rote Lippen soll man küssen ...

... DENN ZUM KÜSSEN SIND SIE DA.“ Eine Schlagerweisheit, die man euch nicht zweimal sagen muss. Am liebsten würdet ihr euch von morgens bis abends küssen. Und nachts sowieso. Aber auch wenn euch das zurzeit noch unnötig vorkommen mag: **LIPPEN SIND NICHT NUR ZUM KÜSSEN DA, SONDERN AUCH ZUM REDEN.** Denn gute Kommunikation ist für eine gesunde Liebesbeziehung auf Dauer genauso wichtig wie Knutschen. **ALSO: TAUSCHT EUCH MITEINANDER AUS.** Sprecht Dinge an, die euch beschäftigen, egal, ob sie euch freuen oder ärgern. So vermeidet ihr Missverständnisse. Und neben dem ein oder anderen Gespräch bleibt zum Küssen garantiert immer noch jede Menge Zeit!

WER KÜSST, l(i)ebt länger

Küsse sind nicht nur Zeichen eurer Liebe, sie sind auch für beide Küssende gesund (es sei denn, einer von euch plagt sich gerade mit einer dicken Erkältung herum). Wissenschaftler haben herausgefunden, dass beim Küssen **NEUROPEPTIDE** produziert werden. Diese chemischen Stoffe aktivieren sogenannte Killerzellen, die dann Bakterien und Viren vernichten. Außerdem ist Küssen Balsam für die Seele, tut also auch der Psyche gut und verlängert damit das Leben:

DENN WER GLÜCKLICH IST, LEBT NICHT NUR LEICHTER, SONDERN AUCH LÄNGER.

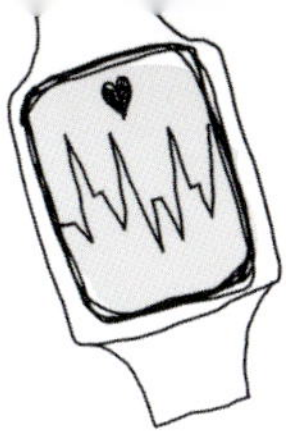

Das schönste WORKOUT DER WELT

Nebenbei kann ausgiebiges Küssen auch den Besuch im Fitnessstudio ersetzen. Beim Küssen versetzen wir uns in einen positiven Stresszustand: Der Puls steigt und das Herz schlägt schneller. Jedes Mal, wenn sich eure Lippen finden, werden nicht nur alle 34 Gesichtsmuskeln beansprucht, sondern noch etwa 100 weitere Muskeln im ganzen Körper. Ein einziger, inniger Kuss verbrennt bis zu zwölf Kalorien. Rechnet es mal aus: Bei eurer Knutsch-Frequenz entspricht eine halbe Stunde Küssen circa fünf Tüten Chips.

KNISTERN TUT BEIDES – ABER DAS KÜSSEN IST DEUTLICH BESSER FÜR DIE LINIE!

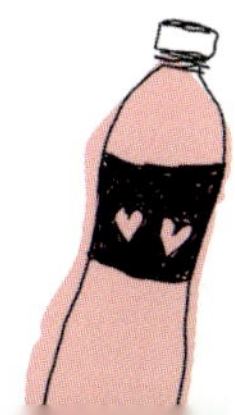

LOVE

EIN PAAR =
zwei Persönlichkeiten

Wer glaubt, dass Liebespaare niemals unterschiedlicher Meinung sein dürfen, der liegt falsch. **NIEMAND VERLANGT VON EUCH, IMMER ALLES GLEICH ZU SEHEN.** Selbst die innigsten Paare bringen unterschiedliche Voraussetzungen mit: Vegetarier leben mit Grillfreunden, Schlagerfans mit Hiphop-Anhängern und nicht selten haben die Liebenden sogar unterschiedliche Geschlechter. Logisch, dass es manchmal auch zum Streit kommt. Wenn ihr das gut macht, wirkt er wie eine Dusche: **BELEBEND, WOHLTUEND UND REINIGEND.** Also traut euch und lasst hin und wieder mal die Fetzen fliegen. Aber vergesst nicht, euch danach wieder ausführlich zu versöhnen. Gern auch im Bett – ohne jeden Fetzen dazwischen.

6 REGELN FÜRS STREITEN

- BLEIBT BEIM THEMA
- KRÄNKT UND BELEIDIGT EUCH NICHT
- STREITET NICHT VOR ANDEREN
- HÖRT EINANDER ZU
- SUCHT EINEN KOMPROMISS
- DENKT AN DEN ABSCHLIESSENDEN VERSÖHNUNGSKUSS

„IN PARTNERSCHAFTEN MUSS MAN SICH MANCHMAL STREITEN, DENN DADURCH ERFÄHRT MAN ETWAS MEHR VONEINANDER.“

Johann Wolfgang von Goethe (1749–1832), deutscher Dichter

WIR FEIERN DIE LIEBE!

Wieviel in Deutschland gefeiert wird, hängt auch vom Wohnsitz ab: Während die Bewohnerinnen und Bewohner in Mecklenburg-Vorpommern mit zehn gesetzlichen Feiertagen pro Jahr Vorlieb nehmen müssen, dürfen die Menschen in Augsburg vierzehnmal die Arbeit ruhen lassen. Aber egal, wo ihr lebt, ihr beide habt als frisch Verliebte sowieso mehr Feiertage als jeder Single.

ZUSÄTZLICHER FEIERTAG 1: DER VALENTINSTAG

Der 14. Februar ist für euch der höchste Feiertag des Jahres. An diesem Tag huldigt ihr – wie alle Verliebten –

eurem wunderbaren Liebesglück (und die Floristen feiern den höchsten Umsatz des Jahres).

ZUSÄTZLICHER FEIERTAG 2: DER KENNLERN-TAG

Das ist der Tag, den ihr nie vergessen werdet. Der Tag, der euer Leben verändert hat. Ihr zelebriert Jahr für Jahr euer ganz persönliches Glücksdatum und denkt gemeinsam daran zurück, was für ein umwerfender Moment es war, als eure Herzen in Flammen aufgingen …

DAS BEDEUTET FÜR EUCH:

Zwei Bonus-Feiertage – es sei denn, ihr habt euch ausgerechnet an einem 14. Februar kennengelernt, dann feiert ihr Kennenlern- und Valentinstag zusammen. Was uch kein Drama wäre, denn mit so viel Liebe im Herzen t sich jeder Tag im Jahr an wie ein rauschendes Fest!

ALLES WIRD TEURER – *Liebe bleibt unbezahlbar*

Während das ganze Land unter Inflation und steigenden Preisen leidet, könnt ihr als Liebespaar die wirtschaftlichen Entwicklungen deutlich gelassener hinnehmen. Egal, wie kalt im Winter das Schlafzimmer ist – **UNTER DER GEMEINSAM GENUTZTEN BETTDECKE HERRSCHT IMMER DIE PERFEKTE WOHLFÜHL-TEMPERATUR.** Wasser und Strom zu sparen fällt euch leicht – ihr badet eh am liebsten gemeinsam und bei Kerzenlicht. Und auch für die wöchentlich benötigte Ration an Lebensmitteln müsst ihr kein Monatsgehalt auf den Tisch legen – euch reicht ein Kuss und eine Umarmung … na gut, und vielleicht ein paar Kerzen.

WOCHENBEDARF LEBENSMITTEL (SINGLES):

BROT: … €
KÄSE: … €
MILCH: … €
NUDELN: … €
GEMÜSE: … €
KAFFEE: … €
REIS: … €
PIZZA: … €
EIER: … €
JOGHURT: … €
FLEISCH: … €
(ODER TOFU)
OBST: … €

= … € € €

WOCHENBEDARF LEBENSMITTEL (LIEBESPAARE):

LUFT: … €
LIEBE: … €

= ♥ ♥ ♥

Schatz, sie spielen unser Lied

Wie jedes Paar habt auch ihr **EUREN SONG, EURE GANZ PERSÖNLICHE LIEBES-HYMNE.** Das Lied, an dem ihr euch nicht satthören könnt, weil dann die Schmetterlinge im Bauch noch heftiger flattern als sonst. Wie schön für euch, aber bitte: **DENKT AUCH AN EURE NACHBARN!** Was für euch beide eine romantische Drei-Minuten-Auffrischung eurer Gefühle ist, kann für euer Umfeld mit den Jahren akustische Folter bedeuten. Es gibt eine einfache Faustregel: 1000-mal „I Will Always Love You" von Whitney Houston in Dauerschleife kann ein ähnliches Trauma auslösen wie das einmalige Hören von „Layla" (das von DJ Robin & Schürze, nicht das von Eric Clapton). Also durchstöbert einfach mal eure Musiksammlungen und erweitert eure **LIEBES-PLAYLIST.** Die Nachbarn werden es euch danken – und auch die Schmetterlinge im Bauch haben nichts gegen musikalische Abwechslung.

SAG'S MIT MUSIK – DIE SCHÖNSTEN LOVE SONGS ALLER ZEITEN

SINEAD O'CONNOR – NOTHING COMPARES 2 U
JUSTIN BIEBER – ANYONE
THE BEATLES – SHE LOVES YOU
ED SHEERAN – SHAPE OF YOU
ADELE – SOMEONE LIKE YOU
GREGOR MEYLE – KEINE IST WIE DU
TAYLOR SWIFT – LOVER
HELENE FISCHER – ATEMLOS DURCH DIE NACHT
LAITH AL-DEEN – BILDER VON DIR
ELVIS PRESLEY – CAN'T HELP FALLING IN LOVE
DIDO – THANK YOU
TRACY CHAPMAN – BABY CAN I HOLD YOU
QUEEN – CRAZY LITTLE THING CALLED LOVE
BRUNO MARS – MARRY YOU
LADY GAGA & BRADLEY COOPER – SHALLOW
LIONEL RICHIE – ENDLESS LOVE
JOE COCKER – YOU ARE SO BEAUTIFUL
TIM BENDZKO – SAG EINFACH JA
HERBERT GRÖNEMEYER – HALT MICH
THE PLATTERS – ONLY YOU
THE ROLLING STONES – LET'S SPEND THE NIGHT TOGETHER
STEVIE WONDER – I JUST CALLED TO SAY I LOVE YOU
... (TO BE CONTINUED)

LIEBE HAT VIELE NAMEN

Egal, welcher Name im Ausweis steht, viele Liebende sprechen den Partner oder die Partnerin lieber mit einem Kosenamen an. **OB „SCHATZ", „HASE" ODER „SCHNUCKIPUTZ"** – die Auswahl an zärtlichen Bezeichnungen für den wichtigsten Menschen in eurem Leben ist unendlich. Böse Zungen behaupten allerdings, dass Personen mit häufig wechselnden Partnerschaften zu Kosenamen greifen, damit sie sich nicht alle paar Wochen neue Namen merken müssen. **BEI EUCH IST DAS NATÜRLICH ANDERS:** Da ihr fest gewillt seid, für immer zusammen zu bleiben, ist der Kosename bei euch Zeichen inniger, ewiger Liebe. Doch denkt daran: Manche Bezeichnungen klingen am Anfang noch romantisch und positiv, können aber später auch ins Negative umschlagen.

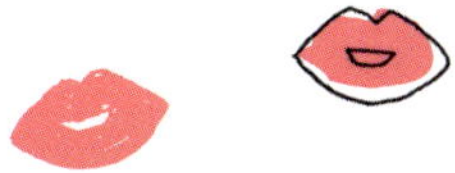

WAS IST DAS ERSTE, WAS IHR MORGENS NACH DEM AUFWACHEN MACHT?

- ○ MAILS CHECKEN (1 PUNKT)
- ○ AUFSTEHEN (2 PUNKTE)
- ○ WEITER KÜSSEN (10 PUNKTE)

AN WAS DENKT IHR, WENN IHR DAS WORT „THROMBOSE-STRUMPF“ HÖRT?

- ○ AN EURE OMA (1 PUNKT)
- ○ AN GESUNDHEITLICHE RISIKEN BEI LANGSTRECKENFLÜGEN (2 PUNKTE)
- ○ AN EUREN SCHATZ – IHR DENKT IMMER AN EUREN SCHATZ! (10 PUNKTE)

AUFLÖSUNG:

4 BIS 8 PUNKTE:

Entweder ihr haltet das falsche Buch in den Händen oder aber ihr seid während des Ausfüllens so leidenschaftlich über euch hergefallen, dass keiner mehr kontrolliert hat, wo ihr eure Kreuzchen hingesetzt habt.

40 PUNKTE:

Ihr seid das verliebteste Liebespaar aller Zeiten!

Wenn einem
Treue Spaß macht,
dann
ist es Liebe.

Julie Andrews (*1935), britische Schauspielerin,
Sängerin und Schriftstellerin

Das Glück
ist das einzige, das
sich verdoppelt,
wenn man es teilt.

Albert Schweitzer (1875–1965),
deutsch-französischer Arzt und Philosoph

Man ist glücklich verheiratet, wenn man lieber heimkommt als fortgeht.

Heinz Rühmann (1902–1994), deutscher Schauspieler

Ich liebe dich, weil ...

(HIER IST PLATZ FÜR EURE GANZ PERSÖNLICHEN LIEBESERKLÄRUNGEN)

JETZT ABER SCHLUSS MIT LESEN!

Dafür, dass ihr frisch verliebt seid, habt ihr jetzt schon ganz schön lange in diesem Buch gelesen. **HABT IHR NICHTS BESSERES VOR?** Nutzt jetzt eure Zeit für die wirklich wichtigen Dinge des Lebens – und des Liebens: **KÜSST EUCH!** Lächelt euch an! Kocht miteinander! Nehmt ein gemeinsames Schaumbad bei Kerzenschein! Macht Selfies mit albernen Grimassen! Bewerft euch mit Nudeln! Macht Liebe miteinander … zum Beispiel im Bett! Oder unter der Dusche! Oder in der Besenkammer! Oder auf dem Küchentisch! Oder im Auto! **ODER … OKAY, IHR HABT DAS PRINZIP VERSTANDEN.** Schön, dass ihr dem Text trotzdem bis zum Schluss gefolgt seid.

UND VOR ALLEM:

Text: Paulus Vennebusch
Gestaltung Cover: arsEdition GmbH
Illustration und Gestaltung Innenteil: Franziska Misselwitz
Bildnachweis Hintergrundmuster Innenteil:
www.shutterstock.com: kondratya, Elena Terletskaya,Anastasia Mazeina, Nikita Biserov, Nadezhda Molkentin, Julia August
Bildnachweis Cover: www.shutterstock.com: Julia August

ISBN 978-3-8458-5299-7

www.arsedition.de

FSC
www.fsc.org
MIX
Papier aus verantwortungsvollen Quellen
FSC® C120704